# Марина Шкробова - Верналис

# Поэзия в живописи

Published by Hertfordshire Press Ltd © 2022
e-mail: publisher@hertfordshirepress.com
www.hertfordshirepress.com

## Поэзия в живописи

*Марина Шкробова - Верналис*

Книга раскрывает многогранность души поэта и художника Марины Шкробовой-Верналис. Автор - философ, рассматривающий волшебный шар жизни через призму поэзии и живописи! Отсюда интерес к разным сюжетам в живописи: пейзажам, натюрмортам, цветочным композициям и портретам, написанным исключительно любовью сердца.

Интересна глубинная взаимосвязь смыслов и образов: в образе осенней аллеи живет мудрость уединения, душа-бессонница воплощается в образе юной девы, а в портретах даже цвет фона хранит загадку!

Здесь живет духовная высота! И автор обращается к каждому как к душе, которую знает и чувствует давно как родственную!

Это уникальный разговор с теми, кто готов узнавать себя и отражать мир красотой своих помыслов!

---

All rights reserved. No part of this book may be reprinted or reproduced or utilised in any form or by any electronic, mechanical, or other means, now known or hereafter invented, including photocopying and recording, or in any information storage or retrieval system, without permission in writing from the publishers.

British Library Catalogue in Publication Data
A catalogue record for this book is available from the British Library
Library of Congress in Publication Data
A catalogue record for this book has been requested

**ISBN: 978-1-913356-53-8**

## Марина Шкробова - Верналис

# Поэзия в живописи

Лондон 2022

## Я С ВАМИ ГОВОРИТЬ ХОЧУ!

Я с Вами говорить хочу!
Простите мне открытость слога...
Ведь и тогда, когда молчу,
Во мне идёт рожденье слова

И собирание земель
Ещё невысказанной мысли!
Вы - собеседник мой теперь!
И снова я взялась за кисти,

Чтоб рисовать картины дня,
Искать оттенки всех событий!
Вы - собеседник для меня!
Я верю своему наитию...

Я с Вами всюду говорю.
Душе немыслимы оковы!
Я Вас за всё благодарю!
Мы, видимо, давно знакомы...

# От Автора

Для меня живопись – медитация, погружение в саму себя или возвращение к себе изначальной. А вместе с тем – это диалог с людьми, с миром, мои смысловые акценты!

Перед чистым холстом (как и перед чистым листом) у меня всегда возникает благоговение и страсть созидания. Пишу жадно, запоем, наслаждаясь процессом рождения картины. Каждый этап – удивление от таинства прикосновений к холсту и от процесса смешивания красок, даже от их запаха!

Пишу, не замечая времени и не чувствуя усталости! Усталость приходит уже позже, но вместе с ней всегда присутствует нескрываемая радость «случившейся» картины как хорошо сделанного дела (этого удовольствия всегда жаждет моя душа!).

Моим удивлением в живописи стало такое ясное (очевидное) понимание того, что весь рисунок – сочетание света и тени! Они неразлучны: хочешь показать свет – дай тень! Глубина линии, предмета появляется тогда, когда свет дополнен или подчёркнут тенью. Всякий раз это моё внутреннее: ах! От простоты найденного решения! От божественного водительства моей руки!

Мне интересны разные сюжеты и хочется браться за то и за другое! Люблю пейзажи, особенно, где есть море или водная гладь. Особенно меня завораживают отражения – в них много придумки и волшебства! Люблю цветочные композиции – это как составлять икебану, чувствовать цветочную эфимерность и трепет, а вместе с тем, уникальный характер каждого цветка.

Совершенно не ожидала от себя дерзости писать портреты! Но сейчас это – любимое! Видеть, как из штрихов рождается образ, узнавать его на холсте и видеть то, что рисует моя душа, моя любовь к этому человеку. Именно так, из любви, родилась целая галерея поэтов Серебряного века. Они написаны в монохромной палитре, но каждый поэт потребовал своего оттенка краски, свой фон! В портрете Б. Пастернака чувствуется романтизм и личность натуры. Блок классически выписан и серьёзен в своем взгляде и облике. Юный и трепетный С. Есенин, изысканно-ироничный, с ароматом эстетства, И. Северянин. Гармоничная, одухотворенная А. Ахматова и рядом безмерная и таинственная М. Цветаева. Кстати, у нее фон картины получился отличный ото всех. По наитию! Кисть художника сама подобрала этот золотистый оттенок, дабы показать, что и из этого ряда она всё равно выбивается своей поэтической непохожестью-иноходью! Н. Гумилев выглядит открыто-дерзким, глаза с поволокой. Такой «конквистадор в панцире железном»! Но здесь он вовсе незащищенный получился.... Мне запомнился отзыв, который мне прислал актриса Елена Денисова – Радзинская, увидевшая первый показ портретов во время Библионочи в Государственной библиотеке искусств имени А.П. Боголюбова: «Портреты - нереально обалденные! Они старинно - современные, так просто не бывает! Но это - есть! Спасибо огромное! Мне очень понравилось все! Просто очень!»

С первых шагов (мазков!) я полюбила мастихин! Он мне помогает найти свой стиль в живописи и быть смелой! В этом потоке за 8 лет на свет появилось более 80 картин и весной 2017 года в Москве открылась моя первая персональная выставка картин в Государственной библиотеке искусств имени А.П. Боголюбова. Весной 2022 года – вторая выставка в Государственной библиотеке имени Н.А. Добролюбова.

Моя смелость прикасаться к холсту началась с урока живописи с талантливым художником Алиной Олениной. Она умеет не просто рисовать, но в живописи открывать уникальный дар каждого! Благодарю её всегда. Поистине, Творец безгранично щедр к каждому из нас, нужно только в свой талант поверить! Теперь в моей жизни есть два сильных крыла: Поэзия и Живопись. И мир в озарении и жажде творчества удивителен и прекрасен!

*С любовью,*

*Марина Шкробова - Верналис*

"Душа" Холст. Масло. 60x90

## ДУША

Душа – бессонница,
Душа – бессольница.
В дороге – странница,
Во Храме – звонница!

Душа – потворница,
Душа – невольница.
Кому – привратница.
Кому – притворщица!

Прикройся, дурочка!
Не всё рассказывай!
Да глубину свою
Не всем показывай!

Душа – скиталица,
Душа – угодница.
Кому – покается,
Кому – поклонится.

Душа – отступница,
Душа – заступница.
В страданье – узница,
В скитаньях – спутница

Уймись, красавица!
Затихни, звонница!
Не всякая душа
В ответ откроется…

"Сирень" Холст. Масло. 50х90 (Продано)

## СИРЕНЕВОЕ НАСТРОЕНИЕ

*Сиреневые заросли весны!*
*Сквозь пышный строй кустов кудроголовых*
*Идут в обнимку те, кто влюблены.*
*Сирень всегда цветёт из-за влюблённых!*

*Волной навстречу в зелени аллей*
*Нахлынет эта свежесть пробуждения!*
*И вмиг закат становится алей*
*И звонче птиц рассветных песнопения!*

*Опять сирень охапками у ног!*
*Пьянит, кружИт сиреневым фокстротом.*
*Касается румянца нежных щёк*
*И верит поцелуевым зарокам*

*Хранить любовь! И часовых любви*
*Своею лёгкой дымкой укрывает.*
*И этот шлейф сиреневой весны*
*До нового цветения витает!*

"Вишневый Сад" Холст. Масло. 60x90

Выцветает шторка на окне,
Как морщинки трещины на краске
И вино на старенькой терраске
Совершеннолетнее уже!

Разомлев в полуденной жаре,
Дом притих в тени созревших вишен,
Даже говор ветренный не слышен
В яблоневой спелой голове.

Благодать! Усердье и труды
Обернулись новым урожаем.
Все, что жизнь взрастила - пожинаем:
Вот он, весь итог большой игры!

Куст калины зарумянил сад,
Астрами зардевший палисадник
Словно и не знал, что время - всадник
В не собирается назад!

Мчусь и я! Лечу во весь опор!
И пейзаж родной морщинит краской,
И зовет в дорогу неподвластный
Разуму и сердцу уговор!

"Над Морем" Холст. Масло. 100х110

Громады гор как дикое зверье
Сошлись у берега на водопое.
Их море укротило для того лишь,
Чтоб берегли они покой его!

Я знаю - море - диктатура волн.
Оно то милует, то беспощадно.
Всяк покоритель моря бури полн
И веры в возвращение обратно.

Но каждый раз мне свой покой даря
Или качая на волнах штормящих,
Оно желало одолеть себя
И, прошлое забыв, жить настоящим!

"Домик Для Двоих"   Холст. Масло. 70x100  (Продано)

## ПОНЯТЬ ДРУГОГО ЧЕЛОВЕКА!

*Понять другого человека - блажь!*
*Ведь это тайна за семью печатями!*
*Любовники, товарищи, приятели...*
*Кто мы с тобой? Рисует карандаш*

*Наш тихий дом, с беседкой во дворе,*
*С небрежными цветочными коллажами,*
*Где заросли сирени экипажами*
*Подобрались к бревенчатой стене!*

*Понять другого человека - нет!*
*не понимать, а ПРИНИМАТЬ возможно.*
*И у дверей звоночком осторожно*
*Предупреждать, что я иду к тебе!*

*Наш тихий дом уютен и красив,*
*В нём есть камин, скрипучая кушетка,*
*И как неугомонная соседка*
*Трещит сорока меж ветвями слив!*

*Понять другого человека - вздор!*
*Какая радость в том труде дотошном!*
*Любить! Тогда и понимать не сложно,*
*А всё другое - долгий разговор...*

*Меж нас двоих, там, где наш сад и дом,*
*Где ветер выдувает вечер блюзами....*
*Где нас связал таинственными узами*
*Весенний день, уснувший под окном!*

"Восточный Натюрморт" Холст. Масло. 80x100

*Как хорошо побыть вдвоем,
необручённым ложной связью
и осознать, что это счастье
в камине светится огнем.*

*Останемся с тобой вдвоем
ведь вне оптических прицелов
Мы созданы единым целым
как неба синь в окне твоем.*

*Огонь научит нас ценить
земное сосуществованье
и то, как жажду обладанья
любовью светлой заменить.*

*Как хорошо вот так вдвоем
быть обреченным на удачу.
Я меж страниц ромашки прячу,
что были нам календарем...*

*Как хорошо побыть вдвоем...*

"Город Ангелов" Холст. Масло. 70х100 (Продано)

Бог создал только Свет. Душа есть Свет!
Нет ничего отличного от Света.
И солнце светит миллионы лет...
Но как душе суметь понять всё это?

Не оценить тепла без холодов,
Не видя горя, не узнаешь счастья.
Когда не знаешь зла, что есть добро?
Когда нет целого, то, что делить на части?

Чтобы душа увидела свой свет,
Бог темнотой кромешной окружает,
А уж бояться темноты иль нет,
тут каждый для себя всегда решает.

Одно неоспоримо - в темноте
Не проклинай отсутствия Светила.
Не злись и не грози! Ведь то тебе
Увидеть свет свой и дано всё было!

Останься Светом в непроглядной мгле,
Узнай себя таким, каким Бог знает!
Останься верен самому себе -
Бог только ангелов навстречу посылает!

"Аромат Пионов"  Холст. Масло. 70х100  (Продано)

**РОНДО В ЛЕТНЕМ СТИЛЕ**

*Как раскалённый шар, день катится к закату,*
*Всё разнотравье смяв в измученных лугах.*
*И гром среди небес - лишь первая расплата*
*За счастье... У грозы пугающий размах!*

*В бокал налита ночь хмельной настойкой лета.*
*Провозглашаю тост! В прозрачной синеве*
*Лесная тишина свежа, полуодета:*
*Туники паутин дрожат на высоте...*

*Пьянит ночная мгла... Разбавлена росою,*
*Повиснет над землей предутренняя синь...*
*По шёлковой траве успей пройтись босою,*
*Косынкой повяжи рассветную светлынь!*

*Как раскаленный шар, день катится к закату!...*

"Ангел" Холст. Масло. 70x100

Мой белокрылый ангел, Муза!
Ты - вдохновение моё!
Мой путь - плод нашего союза.
Тебя благодарю за то,

Что ты являешься под вечер,
Когда стихает гул дневной.
И крылья мне кладёшь на плечи
И разговор ведёшь со мной

О чудесах и дальних странах,
О том, чтоб я держала стать!
Что, как бы ни казалось странно,
Жизнь - это шанс собою стать!

И если ангельские крылья
Были подарены судьбой,
Нет места мыслям о бессилье!
Мне всё под силу. Бог со мной!

"Танго" Холст. Масло. 60х80

**ТАНГО НАШЕЙ ЛЮБВИ!**

*Танго нашей любви звучит
С той же страстью как в первый раз!
Этот жгучий мотив кружИт,
КрУжит счастье влюблённых глаз!*

*Танго нашей любви с тобой -
Двух распахнутых крыльев взмах!
Этот жгучий мотив простой
Страстью южных ветров пропах!*

*Танго! Я в плену твоих нежных рук...
Танго! Танец встречи сквозь боль разлук!
Правда, мы друг друга с тобой нашли...
Танго - танец нашей Любви!*

*Танго падающей звезды
И проспект полуночный стих...
Город спит. Только я и ты.
Этот танец - наш белый стих.*

*В нём гармония двух сердец,
Лёгкость чувств и движения!
Обруч рук, обруч двух колец!
Танго - танец доверия!*

*Танго! Я в плену твоих нежных рук...
Танго! Танец встречи сквозь боль разлук!
Правда, мы друг друга с тобой нашли...
Танго - танец нашей Любви!*

"Весенняя Прогулка" Холст. Масло. 70x100

### ВОСПОМИНАНИЯ О ПЕРИНАЛЬДО

Я шла как будто вспоминала
И узнавала каждый дом.
Как будто прежде здесь бывала
Или жила когда-то в нем.
И эти камни под ногами,
И эти фрески на стене
Мне были прошлого сло-га-ми,
Как будто родственными мне.
И я прислушивалась даже
К родному шелесту ветров,
И к башне, что стоит на страже
Истории пяти веков…
И до заката задержалась,
Боясь не вспомнить без него,
Когда я здесь ещё рождалась?
В каком столетье? Для чего?
А слёзы светлые мои
И стали, в общем-то, ответом:
Я здесь рождалась для Любви,
Чтоб в этой жизни быть поэтом!

"Состояние Души"   Холст. Масло. 60x90

Это вроде загадки,
Вроде тяги к добру -
Мысли в полном порядке,
Сердце в полном бреду...

Я шагаю вдоль моря,
Где разлился закат.
И ко мне, тараторя
Галькой, волны спешат.

Может, это преддверье
Новых встреч, милых дружб,
Или просто неверье,
что ты сердцем мне чужд.

Может, это забвенье
Старых тяжб и обид
Или повиновенье
Им во мне говорит?

Что же за состояние
Правит чувствами вновь?
То ли мысль о прощании,
То ли снова любовь?...

"Портрет Марины Цветаевой"  Холст. Масло. 60x80

**ПОСВЯЩЕНИЕ МАРИНЕ ЦВЕТАЕВОЙ**
*(В день смерти сестры, Анастасии Цветаевой)*

*И будет им о чём поговорить,*
*Навеки повстречавшись в новом мире.*
*Быть вместе и о тлении тел забыть.*
*И целый век обрисовать Марине!*

*Тот век, где нет её зелёных глаз,*
*Где позабыты звуки тамбурина.*
*Где болеро затмил беспечный джаз,*
*Но где ещё горит её рябина!*

*Ей столько нужно рассказать о том,*
*Что вина из стихов её пьянящи!*
*Столетие спустя, её альбом*
*Так полон чувств, любви и так манящи*

*Творения безмерной высоты,*
*До коей глубины не всем подняться!*
*Когда она ушла, осталась ты...*
*Душа сбылась! Зачем же оставаться?*

*Когда придёшь к ней с требованием веры,*
*Скажи, кому достался волчий мех,*
*Что век, как и она не знавший меры,*
*Боготворит её, одну из всех!*

*Болярыня Марина! Звон московский*
*Несёт сестра в горстях своих, прими.*
*Тебе поклон прислал собор Покровский*
*и реющие в небе голубки.*

*Я знаю, время память не задует.*
*Брожу по семихолмию Кремля.*
*И на прощанье в грудь тебя целует*
*Родимая московская земля.*

"Портрет Александра Блока"  Холст. Масло. 60x80

Чистый лист! Он так послушен
смелым росчеркам пера.
Он ко всем великодушен,
с кем свела его пора
вдохновенья иль печали
или новый взлет мечты,
чистый лист, я замечаю,
чистый не от пустоты,
а от скорого рожденья
на невидимых строках
нового совсем творенья
(пусть пока в черновиках!)
Чистый лист. Как это важно
все, что было, отмести
И почувствовать однажды
путь, которым впредь идти.
И как строчку на бумаге
шаг за шагом выводя,
осознать в последнем шаге,
тихий взгляд переведя
с медной ручки кабинета
на оконный переплет -
такова судьба поэта:
чистый лист ... и мысли взлет!..

"Портрет Николая Гумилева" Холст. Масло. 60x80

## ПРИТЧА О СВЕРЧКЕ

*Два друга в шуме города большого
Однажды повстречались невзначай.
Один ценил вкус быта городского,
Другой любил свой деревенский край!*

*И, дорожа моментом этой встречи,
Друзья беседу тотчас завели.
Хоть в шуме города тонули речи....
Но и молчать ведь тоже не могли!*

*Тот, деревенский, в жаре разговора
Смолк. Видно, удивленья скрыть не мог.
И так тихонечко шепнул другому:
Прислушайся! Здесь, кажется, сверчок!*

*Как он его услышал в этом гаме?!
Сверчки слабее грохота машин!
Он подошел, траву разгреб руками
И улыбнулся: Даже не один!*

*Их целый хор! Послушай, как стрекочут!
Друг городской был этим поражён.
А тот взял мелочь, бросил... У обочины
Послышался привычный перезвон.*

*На звук монеток люди обернулись,
Спеша свои проверить кошельки.
Услышали, смущенно улыбнулись,
Как будто извиняясь: Не мои!*

*Друзья смотрели друг на друга молча,
Ведь оказалась истина проста:
Мы слышим то, что каждый слышать хочет.
Тот звук, на что настроена душа!*

"Портрет Сергея Есенина" Холст. Масло. 60х80

**СТИХИ РОЖДАЮТСЯ ИЗ ТИШИНЫ…**

*Стихи рождаются из тишины,
Из легкой дымки ветреного слога,
Из той красноречивой немоты,
Которая торжественно и строго*

*Ложиться первой строчкою в тетрадь,
Разглаживая мысль ладошкой рифмы.
И каждому известна благодать,
Что и у вечности есть алгоритмы:*

*Свет дня сменяет ночь, а жизнь верна
Закону сохранения энергий.
Где пик начала чувства — тишина!
А личность — это мост меж звёзд и терний.*

*Стихи рождаются из тишины,
Из той звенящей тонкости пространства,
Откуда все мы в этот мир пришли,
Последовав закону постоянства!*

*Нас Бог ведёт! И в тишине стихов
Вкушаем мы живительную влагу
Тех драгоценных жизненных основ,
В которых скрыта Сила и Отвага!*

"Портрет Игоря Северянина"  Холст. Масло. 60x80

### АКТЁР НА СЦЕНЕ!

*Актёр на сцене. Радость или боль
Через партер на всхолмие галёрки
Тебе нести. Так, стало быть, изволь,
Играть, души не занавесив шторки!
Зови, актёр, в мир таинства кулис!
Какая чушь, что привкус славы пресен!
Взмахни наверх, потом бесстрашно вниз
Рванись, втопив нас в тело кресел!
Ведь ты - актёр! Придумай амплуа.
Потом низвергни прелесть этой маски.
И призови на помощь облака,
Чтоб опьянить могуществом развязки.
То Арлекин, то страждущий Пьеро.
Ты так не защищен от кровной мести.
И над тобою кружит воронье,
Но это не меняет сущность песни.
Твой голос тих. Но если он глубок,
Его не остановит гильотина.
Играй, актёр, покуда лёгок слог,
Ведь чары колдовства необратимы!*

"Портрет Бориса Пастернака" Холст. Масло. 60х80

*Веди меня, я снова ученица*
*Я снова собралась идти в поход*
*И временно с уютом разлучиться,*
*Чтобы понять, что все наоборот,*

*Что постоянством названо мгновенье,*
*Моментом - вечность, а мечтою - явь,*
*Что счастье не бывает неизменным,*
*Да только вот поди ж его исправь!*

*Веди меня, словам твоим внимаю,*
*Пытаюсь все понять и рассудить*
*Как в Библии: врагов своих прощаю*
*И ближнего стараюсь возлюбить.*

*А письменный свой стол чту как святыню*
*Здесь и стихи и акварелей синь*
*Меня ведут на новую вершину*
*Веди ж и ты и дольше не покинь!*

"Портрет Анны Ахматовой"   Холст. Масло. 60х80

## ДОВЕРИЕ

Целуешь в тишине мою макушку...
И обнимаешь, будто сторожишь!
Рассвет косится взглядом на подушку,
Где ты ещё в счастливом сне лежишь!

Так драгоценна каждая минута
Блаженного объятия двоих,
Что веки тёплой негою сомкнуты
И я во сне коснусь губами их.

Почувствую разлившуюся нежность
И головой прильну к твоей груди...
Доверие рождает безмятежность
прикосновений и огонь любви!

Я не солгу тебе ни на веснушку -
С тобою в радость мне и дождь и снег.
А ты во сне целуй меня в макушку!
Я в этот миг, поверь, счастливей всех!

Алина Оленина. "Портрет Марины Шкробовой-Вднналис"
Холст. Масло. 60х80

**БЫТЬ ЖЕНЩИНОЙ!**

*Быть женщиной — блаженство и тоска,
Война и мир, работа и искусство.
Быть трепетней осеннего листка,
Дарящего наивнейшее чувство:*

*Мгновение! И ветер пустит в лёт
Твое очарованье золотое,
Но вспомните, как нежно лист прильнёт
К дарующему капельку покоя,*

*К тому, кто, заслонив тебя плечом,
Умеет восхищаться красотою.
(Ах, может быть, всё это ни при чём),
Но так приятно быть самой собою.*

*Смешной и слабой, тихим ручейком,
Наполненным волшебною водою,
К которому, приблизившись тайком,
Наверняка не совладать с собою!*

*Быть женщиной — тревога и уют,
Сплошные маски милых сердцу линий.
Быть той, которую полвека ждут,
Пришедшей, как нежданный летний ливень!*

"Дожди Над Парижем" Холст. Масло. 100x100

**ОТВАЖИВАЙТЕСЬ! J`AI OSE!!!**

*Дожди над Парижем всё ниже и ниже*
*И в дымку ушёл Сакре - Кёр ( Sacré Cœur).*
*И капли тяжёлые падают с крыши*
*Парижскому нраву в укор!*

*Дожди над Парижем то громче, то тише*
*Идут через площадь Конкорд (Concord)!*
*Бог Солнца египетский будто на слышит*
*Промокший парижский народ!*

*Дожди над Парижем по зонтичным крышам*
*Идут через Шанз Элизэ (Champs-Élysées)...*
*В надежде, что кто-нибудь, может, услышит*
*Призыв: "J`ai ose!" "J`ai ose!"*

*Дожди над Парижем, осмельтесь быть выше!*
*Быть равными вашей Мечте!*
*Тогда Бог желания наши услышит*
*И скажет себе: "J`ai ose!"*

"Сиреневые Облака" (Продано) Холст. Масло. 90х90

## ЗОНТИКИ

*Зонтики летучими мышами*
*Головою вниз висят на стенке.*
*Мы сидели и едва дышали...*
*Он все обнимал мои коленки!*

*После, вопреки душевной лени,*
*Скрылся в зелени, меж одряхлевших зданий,*
*И охапку мокнущей сирени*
*Протянул взамен пустых признаний...*

*И тогда вдвоем, по свежим лужам*
*Шли, забыв про зонтики на стенке.*
*И весенняя шальная стужа*
*Пробегала дрожью по коленкам!*

*Мне с тех пор мила любая стужа*
*И чернильные кусты сирени.*
*А позавчера он стал мне мужем.*
*Лишь за то, что обнимал колени!*

"Осенняя Аллея" Холст. Масло. 70х100

Чем заслужили такую осень?!
Видать, расплаты не миновать!
А если Небо об этом спросим,
Оно ответит: Чтоб показать

Все краски леса, всю нежность чувства
И танец листьев, вершащих бал!
Для всех спешащих до безрассудства,
Для всех кто верить и жить устал:

Чтоб оглянулись и огляделись
И загляделись в окно души!
Чтоб с новой силой жить захотелось,
И видеть лица, и не спешить...

Чем заслужили такую осень?!
Великодушием небесных сил!
Мы получаем всегда, что просим
По силе веры тех, кто просил!

"Надышаться Морем" (Море. Штиль.) Холст. Масло. 50х70

## Я И МОРЕ

Мы с морем родные,
Как брат и сестра,
Как мать и дитя,
Словно небо и звёзды!
Из этой пучины
Как будто вчера,
Я вышла солёной,
Заласканной, звёздной!

Иду по волнам,
Где гуляла не раз,
Хоть мир под водой
Я сменяла на землю!
Дочь моря и песни
С морским цветом глаз,
Частица прибоя,
Ему только внемлю!

Как ласковы
Летнего шторма меха!
Свой крест не тяжёл,
И я всюду счастлива!
Из брызг бытия
Шью мантилью стиха.
Чтоб ею украсить
Судьбы переливы!

Чтоб в ней я блистала
На лоне земли,
Как некогда в море,
В прошедшем рождении,
Чтоб волны земные,
Как в море несли
В счастливом, наземном
Моём восхождении!

"Страсть с ароматом корицы" (Продано) Холст. Масло. 60х80

**ЛЮБОВЬ СВЯТАЯ**

Срываясь в эту бездну водопадом,
Нет смысла думать, как остаться жить.
Ну, разве грех, что мы с тобою рядом?
Ну, разве грех так искренно любить?


Идем в обнимку по струне над бездной,
Любовь дарует нам свои крыла.
Мольба о милосердии небесном
Вмещает искупление греха!


И что есть грех, и в чем сокрыта святость?
Лишь время все расставит по местам!
Простая зависть чья-то и предвзятость
Доводится родней людским грехам…


Шагнув в любовь как в дерзкую пучину,
Нам остается веровать в одно:
Бог создал грех как лучшую причину
Явить нам милосердие свое!!!

58

"Автопортрет" Холст. Масло. 100x110

## АВТОПОРТРЕТ

Я - дуновение ветра, я - тревога,
Твоя неотвратимая дорога,
Меня не удержать на поводке.
Я - птица в небе и в твоей руке!


Я - эта осень, этот воздух синий.
Я - на деревьях вдохновенный иней
И от меня не отведете глаз,
Я - та, которая живет смеясь!


Я - та, кто заходила к вам недавно
И близ камина проходила плавно
Я - свет огня, но мой огонь не жжет,
Я - та, которую всяк путник ждет ...


Я - то, что не удержишь на ладони
И то игривое и молодое
Вино, что ныне радует тебя,
И это тоже, мой любимый, я!

"Накануне Рождения" Холст. Масло. 60х80

## РОЖДАЮСЬ ЗАНОВО

*Рождаюсь заново. И что тому виной?*
*Весна? Твои слова? Моё взросленье!?*
*Условности спадают пеленой*
*и Разум не находит объясненья*

*Для перемен. Но разум одинок,*
*Когда душа молчит навстречу знанью.*
*Рождения и Возрожденья срок*
*Назначен нам как веха и признанье*

*Готовности идти на новый круг,*
*Рождаться вновь, брать силу от истоков,*
*От истины, что разлита вокруг,*
*От веры и раздумий о высоком!*

*Рождаюсь заново. И каждою весной*
*По солнечным лучам сверяю почерк.*
*И обновленной, как листва из почек,*
*Являюсь в мир, чтоб снова быть собой!*

"Уединение" Холст. Масло. 70х100

## ЖИТЬ - ЭТО ВСПОМИНАТЬ!

*" На самом деле Ты не менялся. Ты просто всё более становился Собой. Ты шёл в поисках Смысла жизни, и, как оказалось, шёл к Себе Настоящему. По дороге теряя всё наносное, лишнее, навязанное, не Твоё. Ты вспоминал Себя..."*

*Я поняла: жить - это вспоминать*
*Себя в забытых прошлых воплощеньях.*
*Мы не меняемся! И надо ли менять,*
*То, что во мне от Бога совершенно!*

*Вот почему нам кажется игрой*
*Таинственного смысла обретенье.*
*Мы ищем смысл, чтоб просто стать Собой*
*И вспомнить без прикрас, и без смущенья*

*Как мы замыслены и преображены*
*В горниле Судеб пережитых раньше.*
*Жизнь - это зеркало той вышины,*
*что нас к себе приводит... к Настоящим!*

*Я поняла: жить - это вспоминать!*

## Отзыв Шалвы Амонашвили

*о стихах Марины Шкробовой – Верналис:*

«Я давно очарован поэзией Марины Шкробовой – Верналис. Стихи её имеют и цвет, и мелодию, и звучание, и вкус, и запах – и всё это – небесное. Тонкость и мудрость стихов завораживают, образы в них – как прекрасные ювелирные изделия. Её поэзия охватывает красоту мысли и чувств, а когда она сама читает свои стихи, мне представляется, что они становятся живыми существами и проявлениями многоликости поэтессы. Вся поэзия Марины наполнена любовью к людям и верою к живым небесам».

www.ingramcontent.com/pod-product-compliance
Lightning Source LLC
Chambersburg PA
CBHW042015150426
43196CB00003B/55